まちごとインド

West India 004 Jaisalmer
ジャイサルメール

砂漠に浮かぶ「黄金都市」

जैसलमेर

Asia City Guide Production

【白地図】ラジャスタン州

INDIA
西インド

【白地図】ジャイサルメール

INDIA
西インド

【白地図】ジャイサルメールフォート

INDIA
西インド

【白地図】フォート広場

INDIA
西インド

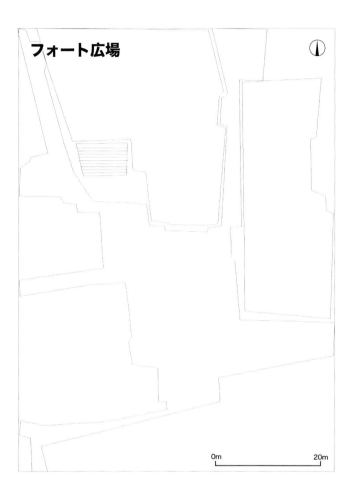

【白地図】アマルサーガル門

INDIA
西インド

【白地図】ガディサール門

INDIA
西インド

【白地図】ジャイサルメール郊外

INDIA
西インド

【まちごとインド】
西インド 001 はじめてのラジャスタン
西インド 002 ジャイプル
西インド 003 ジョードプル
西インド 004 ジャイサルメール
西インド 005 ウダイプル
西インド 006 アジメール（プシュカル）
西インド 007 ビカネール
西インド 008 シェカワティ

INDIA
西インド

年間降水量150mm、ほとんど雨の降らない乾燥した大地が続くラジャスタン西部。ジャイサルメールはどこまでも続く砂漠に忽然と現れるオアシス都市で、1156年、ラージプート族のラーオ・ジャイサルによって築かれた（「ジャイサル王の岩」を意味する）。

インドからパキスタンへ続くタール砂漠の中心に位置するジャイサルメールは、長らくインド中央部とアラビア海、中央アジアを往来する隊商の交易拠点となってきた。台地上に築かれた街には、交易で富を得た商人による邸宅や寺院がな

जैसलमेर
ジャイサルメール
Jaisalmer

らび立ち、黄色砂岩一色で彩られている。

　こうしたジャイサルメールも、スエズ運河の開通による海運の発達（ムンバイの台頭）、1947年の印パ分離独立によってひかれた国境線が壁となって急速に衰退していった。街は「陸の孤島」と化したが、それゆえ中世の姿をそのまま残す稀有な都市となっている。

【まちごとインド】
西インド 004 ジャイサルメール

目次

ジャイサルメール……………………………………………xvi
とまったままの時計の針……………………………………xxii
フォート城市案内 ……………………………………………xxxi
旧市街城市案内 ………………………………………………xlviii
新市街城市案内 ………………………………………………lxii
砂漠とともに生きる…………………………………………lxiv
郊外城市案内…………………………………………………lxix
城市のうつりかわり…………………………………………lxxxiii

【MEMO】

【地図】ラジャスタン州

INDIA
西インド

とまった
ままの
<small>INDIA 西インド</small>
時計の針

パキスタンとの国境まで 100 km
そこには化石にもたとえられ
タイムカプセルされた街が残る

砂漠の隊商都市

ジャイサルメールはタール砂漠のなかでも大きいガディサール湖のそばに築かれている。イスラム諸王朝が興亡を繰り返した 12 〜 16 世紀は、砂漠を抜けるルートのほうがより安全だったと言われ、西方へ通じるこのオアシス都市に商人たちが拠点を構えた（かつてジャイサルメールから、インダス川流域のサッカルとハイデラバードへ抜けるふたつのルートがあった）。宝石や金銀細工、絹、アヘン、香料、インディゴといった商品がジャイサルメールに集散され、道は遠くヨーロッパへ続いていた。過酷な乾燥地帯にあっては農業と牧畜を営む

▲左　黄色砂岩製の邸宅ハーヴェリー、街は黄金色で彩られている。　▲右　ジャイサルメール・フォートではさまざまな人に出合える

だけでは限りがあるため、貿易商人、手工業者、人々を楽しませる音楽師や語り部も集まり、独特の社会を形成していた。

保存されたゴールデン・シティ

1947年の印パ分離独立を受け、街の西100kmに国境線が走ったことから、ジャイサルメールは西インド最果ての袋小路に位置する地理をもつ。街の中心のフォート、旧市街の建物ともに地元で産出される黄色砂岩（ジャイル・ストーン）を素材とし、大地と同じ色で統一されていることから「ゴールデン・シティ」の愛称をもつ。街は隣家と壁を接する密集した

INDIA
西インド

都市を構成し、12世紀以来のジャイサルメール・フォートはラジャスタン城塞都市のなかでチットールガルについで2番目に古いという性格ももつ。現在はチットールガル、クンバルガル、サワイマドプル（ランタンボール）、ジャラワール、ジャイプル（アンベール）とともにラジャスタンの丘陵城砦群として世界遺産に登録されている。

キャメル・サファリで砂漠地帯へ

インドからパキスタンへと続くタール砂漠は、摂氏45度にもなる灼熱の夏、最低気温5～10度までさがる冬という環

▲左 砂漠をゆくキャメル・サファリ。　▲右　ガディサール湖、この水が街の水源となってきた

境をもつ。わずか150mmの年間降水量のほとんどは雨季（7〜8月）に集中し、雨が一滴も降らない年すらあるという。こうした過酷な環境を往来するのがラクダで、背中のコブに脂肪を蓄え、数日間、水を飲まずに歩くことのできる砂漠に適した動物となっている。ジャイサルメールはインドでも有数のラクダの産地と知られ、ジャイサルメールを基点とするキャメル・サファリでは、どこまでも続く砂丘の稜線を「ラクダのキャラバンがゆく」といった世界に触れることができる。

INDIA
西インド

ジャイサルメールの構成

1156年、ジャイサルメールの地が都に選ばれたのは、この地にオアシスになる「(水がたまる) 凹状の窪地」と、軍事防衛上「城塞都市に適した台地 (現在のフォート)」があったことによる。街がつくられるにあたって、宮殿、街の機能すべてが台地上につめ込まれ、人々はカーストごとに住まいを構えた。その後、フォート城下に市街が形成され、周囲に市壁がめぐらされた (外側の市壁は建築資材として使われたため、現在ではほとんど残っていない)。20世紀以降、この旧市街の東側に鉄道駅、西側に宮殿やホテルがつくられ、現

【MEMO】

Jaisalmer

とまったままの時計の針

【地図】ジャイサルメール

【地図】ジャイサルメールの [★★★]
- [ ] ジャイサルメール・フォート Jaisalmer Fort
- [ ] パドウォン・ハーヴェリー Patwon Ki Haveli

【地図】ジャイサルメールの [★★☆]
- [ ] サリームシン・ハーヴェリー Salim Singh Ki Haveli
- [ ] ガディサール湖 Gadsisar Lake
- [ ] サンセット・ポイント Sunset Point

【地図】ジャイサルメールの [★☆☆]
- [ ] フォート門 Fort Gate
- [ ] アマルサーガル門 Amar Sagar Pol
- [ ] ジャワハル・ニワス Jawahar Niwas Palace
- [ ] 博物館 Government Museum

在は観光都市の性格が強い。またパキスタンに近い立地から、空軍基地がおかれるなど軍事上の要衝となっている。

**Guide,
Jaisalmer Fort**

フォート
城市案内

太陽の光を受けて
黄金色に輝くフォート
美しきゴールデン・シティ

जैसलमेर का किला；
ジャイサルメール・フォート Jaisalmer Fort ［★★★］

周囲から盛りあがった高さ70mの台地上に展開するジャイサルメール・フォート。この台地は三角形（トリクート）の形状であることから、トリクート・フォートとも呼ばれる。フォートは12世紀に建設され、17世紀に99の半円形稜堡をめぐらせる現在の姿になった。このジャイサルメール・フォートの特徴は、城塞内部に宮殿のほか、人々が暮らす市域や商店、寺院をふくんでいるところで、細い路地が入り組むように走っている。フォート内のほとんどの建物は黄色砂

INDIA
西インド

岩を素材とし、今なお中世都市の面影を残している。

किला गेट ; フォート門 Fort Gate [★☆☆]

ジャイサルメール・フォートの城門は朝日を受ける東側におかれている。フォート門外側のゴパ・チョウクは市場となっていて、ニンジンやジャガイモ、タマネギ、カリフラワーなどの野菜、カレーに使う香辛料、軽食の食べられる露店などがならぶ。フォート門から16〜17世紀建設のスーラジ・ポル(太陽の門)へ入ると、屈曲したゆるやかな斜面の登城路が続き、ガネーシャ・ポル(象神の門)、ハワ・ポル(風の門)と4つの門が連なる。

【MEMO】

【地図】ジャイサルメールフォート

【地図】ジャイサルメールフォートの [★★★]
- [ ] ジャイサルメール・フォート Jaisalmer Fort

【地図】ジャイサルメールフォートの [★★☆]
- [ ] ロイヤル・パレス Royal Palace
- [ ] ジャイナ寺院 Jain Temple

【地図】ジャイサルメールフォートの [★☆☆]
- [ ] フォート門 Fort Gate
- [ ] ラクシュミー・ナラヤン寺院 Laxmi Narayan Mandir

砂漠のファッション

ラジャスタンでは、女性の額につける額飾り（ボールラー）、鼻のピアス、イヤリング、ネックレスなどの宝石や金銀細工、手や足にほどこした赤色の文様メヘンディ、ブロック・プリントのほどこされたスカートなどの女性の装いが見られる（また男性のターバンは8～14mもあるとされ、王族のもの

INDIA
西インド

は羽飾りや宝石があしらわれている)。これらの装いは、未婚時、結婚後など人生の決まった段階、年齢と社会的地位で変化するという。鮮やかなファッションは、単純な景色の乾燥地帯に特有のもので、ラジャスタン、グジャラートからパキスタンのシンド地方にまで見ることができる。とくにジャイサルメールのバティ・ラージプート女性の美しさ、知性の高さはラジャスタンでも広く知られる。

▲左　四隅の垂れさがった屋根をもつロイヤル・パレス。　▲右　階段状の謁見所、上部に王の玉座がおかれている

दशहरा चौक ;
ドゥシェラ・チョウク Dussehra Chowk ［★☆☆］

ハワ・ポル（風の門）を過ぎたところに広がる広場ドゥシェラ・チョウク。人々の集まるフォートの中心にあたり、この広場からフォート内各地へ路地が伸びている。広場に面してジャイサルメール王の旧宮殿ロイヤル・パレスが立ち、階段状の謁見所も見える。謁見所の最上段に王の玉座が残るほか、音楽師による演奏もここで催されてきた。

▲左 彫刻のほどこされたバルコニー。 ▲右 ジャイサルメール王の肖像画が飾られている

इसमें महलों；ロイヤル・パレス Royal Palace ［★★☆］

祖先を月にさかのぼる系譜をもつというジャイサルメール王族（バティ・ラージプート族）が暮らしたロイヤル・パレス。19世紀のガジ・シング王による正面のガジ・ヴィラス、風の門をはさんで上部でつながっている王妃の宮殿ゼナナ・マハル、ラング・マハル（色彩の間）、モティ・マハル（真珠の間）といった宮殿が連続して展開する。これらの黄色砂岩の建物は16世紀から19世紀にかけて歴代の王たちにつくられたもので、四隅の垂れさがった屋根、四方に厚い壁をめぐらせた中庭をもち、柱、壁面、窓枠にびっしりと彫刻がほど

【MEMO】

【地図】フォート広場

【地図】フォート広場の [★★☆]
- [ ] ロイヤル・パレス Royal Palace

【地図】フォート広場の [★☆☆]
- [ ] ドゥシェラ・チョウク Dussehra Chowk

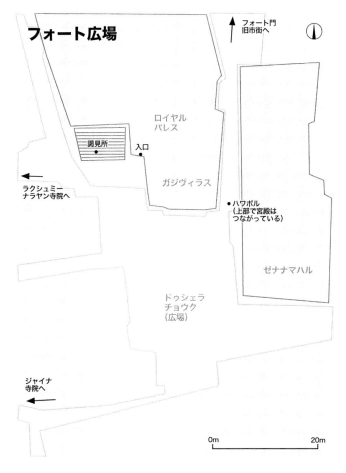

こされている。現在は博物館として開館し、王の肖像画や調度品の展示が見られるほか、上部からはジャイサルメール市街が一望できる。

INDIA
西インド

जैन मंदिर；ジャイナ寺院 Jain Mandir ［★★☆］

フォート南西部の一角は、街が建設される以前からジャイナ教の聖地だったところで、ジャイサルメールでもっとも古い歴史をもつ。路地を隔てて7つのジャイナ寺院が密集し、広場に面した中央のチャンドラプラバ寺院は1452年に建立された。アブー山のものと共通するシカラ屋根、壁面、柱にびっしりと彫刻が刻まれた建築で、吹き抜けとなった前殿、ジャイナ教祖師像をまつり、回廊をめぐらせた本殿からなる（またその北側に隣接するリシャヴァナータ寺院は1479年に建てられた）。中世以来、商業に長けたジャイナ教徒はジャイ

▲左　白大理石のジャイナ教祖師像。　▲右　西インドのソーランキー朝のもとで発展した建築様式をもつ

サルメールの経済を手中にしていたことから、フォート内ではヒンドゥー寺院よりもジャイナ寺院の数が多い。

ジャイナ教と西インド

ジャイナ教は仏教と同じ紀元前5世紀ごろに開かれた宗教で、不殺生、非所有、禁酒をはじめ、厳格な教義で知られる。鋤で虫を殺すことをさけて農業をせず、おもに殺生の必要のない商人として活躍してきた。西インドではジャイナ教学者ヘーマチャンドラが出るなど、11〜12世紀のソーランキー朝のもとでこの宗教が広がった。またタール砂漠やアラビア

INDIA
西インド

海を通じて交易がさかんだったことも、西インドのジャイナ教商人活躍の素地となった。ジャイナ教徒は宝石商や両替、金融業などで財をなし、その富を寺院に寄進するなど、信者間は強い結束で結ばれている（16〜18世紀のムガル帝国治下ではムガルに協力することで、シャトルンジャヤ山、ギルナール山、アブー山などジャイナ教聖地の管理権を容認された）。こうしたところから総人口比で0.5％ほどに過ぎないものの、ジャイナ教徒はインド社会で強い存在感を示している。

लक्ष्मी नारायण मंदिर；ラクシュミー・ナラヤン寺院
Laxmi Narayan Mandir ［★☆☆］

フォート中心部に立つヴィシュヌ派のラクシュミー・ナラヤン寺院。外部に対して開放的なつくりをしていて、ジャイサルメールのヒンドゥー教徒が参拝に訪れている。またこの寺院の西側にはこぢんまりとしたシヴァ派のラトネスワル・マハデーヴィー寺院も位置する。

INDIA
西インド

混淆する宗教

インド西部に位置し、パキスタンやイラン、中央アジアにも近いジャイサルメールでは、たえず西方からの文化の影響を受けることになった。この街では、ヒンドゥー教徒、イスラム教徒、ジャイナ教徒がすみわけて暮らし、異なる宗教や文化が共存している。砂漠の音楽師マンガニヤールはイスラム教徒だが、ヒンドゥー教徒の行事で演奏し、ジャイサルメール特有の黄色砂岩にほどこす彫刻技術はイスラム教徒によって受け継がれてきた（印パ分離独立後、その多くがパキスタンに渡ったという）。

Guide, Old Jaisalmer
旧市街
城市案内

INDIA
西インド

フォートの城下町として発展してきた旧市街
商人や官吏の邸宅ハーヴェリー
バザールが密集して連なる

अमर सागर पोल ;
アマルサーガル門 Amar Sagar Pol ［★☆☆］

ジャイサルメール旧市街の西門にあたるアマルサーガル門。西方と隊商が行き交う街の玄関口だったところで、今でも物売り、露店、ホテル、レストラン、旅行代理店が集中する。

मंदिर पैलेस ; マンディル・パレス Madir Palace ［★☆☆］

マンディル・パレスは19世紀から20世紀初頭にかけて建てられたジャイサルメール王の新宮殿（フォート内からこのアマルサーガル門内に遷された）。ジャワハル・ヴィラス、バ

ダル・ヴィラスといった宮殿からなり、現在はホテルとして開館している。とくにバダル・ヴィラスに立つ5層の望楼タジア・タワーは遠くからも視界に入る。

गाँधी चौक मार्ग;
ガンジー・チョウク・ロード Gandhi Chowk Road ［★☆☆］

アマルサーガル門から旧市街中心部へ続くガンジー・チョウク・ロード。細い路地の両脇には間口ひと間ほどの店が連なり、書店、工芸店、絹織物店などがならぶ。

【地図】アマルサーガル門

【地図】アマルサーガル門の [★★★]
- [ ] ジャイサルメール・フォート Jaisalmer Fort
- [ ] パドウォン・ハーヴェリー Patwon Ki Haveli

【地図】アマルサーガル門の [★★☆]
- [ ] ナトマル・ハーヴェリー Nathmal Ki Haveli
- [ ] ロイヤル・パレス Royal Palace
- [ ] ジャイナ寺院 Jain Temple

【地図】アマルサーガル門の [★☆☆]
- [ ] ガンジー・チョウク・ロード Gandhi Chowk Road
- [ ] マンディル・パレス Madir Palace
- [ ] アマルサーガル門 Amar Sagar Pol
- [ ] フォート門 Fort Gate

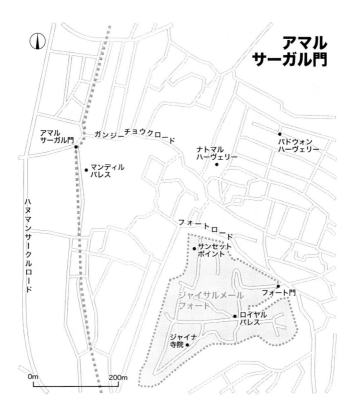

INDIA
西インド

नथमल की हवेली ;
ナトマル・ハーヴェリー Nathmal Ki Haveli ［★★☆］

ジャイサルメール国の宰相をつとめた官吏の邸宅ナトマル・ハーヴェリー。1885年に建てられた5階建て、40室の部屋をもつハーヴェリーで、中庭は吹き抜けの構造になっている。ハティとラルというふたりの兄弟建築家によって建設され、それぞれ右半分と左半分を担当し、ほぼ左右対称で完成した。

▲左　多くの人でにぎわうアマルサーガル門。　▲右　現在も人が暮らしているナトマル・ハーヴェリー

पटवों की हवेली；
パドウォン・ハーヴェリー Patwon Ki Haveli ［★★★］

1805年、ジャイナ教徒の豪商パトゥアー・グマン・チャンドによって建てられたパドウォン・ハーヴェリー。パドウォン家は金銀細工の宝石商から貿易商、金融業といった事業を手がけ、莫大な富を得た。このハーヴェリーはジャイサルメール最大の5層からなる大邸宅で、パトゥアー・グマン・チャンドの5人の息子のための5つの邸宅が用意されている（一族はジャイサルメールの没落とともに、大都市へ移住し、現在は博物館となっている）。道路をまたいで覆いかぶさる門

INDIA
西インド

からなかに入った広場には、音楽師や物売りたちの姿がある。ハーヴェリーの外壁、窓枠ともにびっしりと装飾がほどこされ、1階は商用、上階は住居として使われていた。このハーヴェリーの屋上からはフォートはじめ、ジャイサルメール市街が一望できる。

贅を尽くした邸宅ハーヴェリー

ハーヴェリーはムガル帝国の成立（16世紀）とともに北西インドにもちこまれたペルシャ起源の邸宅で、中庭をもち、四方は重厚な壁でおおわれている。ジャイサルメールのハー

▲左　街で一番の邸宅パドウォン・ハーヴェリー。　▲右　彫刻職人たちによる一流の仕事ぶりが見られる

ヴェリーは、「夏暑く、冬寒い」という砂漠の気候にあわせて、太陽の光と外気をさける厚い壁をもつ。城壁に囲まれた土地のせまさから、建物の上昇性が強く、隣の建物と壁を共有している（4〜5階建ての構造、また雨が降らないため、屋根は平面）。イスラム教のムガル建築とラージプート建築双方の様式が融合し、商人や官吏は財産をハーヴェリーに注ぎこむことで、不動産とした。玄関に近い1階の中庭が来客や商談のための応接室で、上階や建物奥部が女性たちの生活空間となっていた。

▲左　複雑な構造をもつサリームシン・ハーヴェリー。　▲右　ガディサール湖はジャイサルメールのオアシス

सालिम सिंह की हवेली ; サリームシン・ハーヴェリー
Salim Singh Ki Haveli ［★★☆］

サリームシン・ハーヴェリーは、ジャイサルメール国の宰相をつとめたモフタ家の邸宅。17世紀に建てられたのち、増改築が続き、19世紀初頭に現在の姿になった。いくつもの部屋が入り組む複雑な構造をしていて、最上部には空に浮かぶようなジャハズ・マハル（船の宮殿）が立つ。このハーヴェリーの屋上から、フォート内の宮殿に橋をかける構想もあったと言われるが、1827年、サリームシンは重税をかけるなど悪政をとったことから暗殺された。

【MEMO】

【地図】ガディサール門

【地図】ガディサール門の [★★★]
- [ ] ジャイサルメール・フォート Jaisalmer Fort

【地図】ガディサール門の [★★☆]
- [ ] サリームシン・ハーヴェリー Salim Singh Ki Haveli
- [ ] ガディサール湖 Gadsisar Lake

【地図】ガディサール門の [★☆☆]
- [ ] フォート門 Fort Gate
- [ ] 民俗博物館 Folk Museum

ガディサール門

गदिसर लेक；ガディサール湖 Gadsisar Lake ［★★☆］

市街南東部に広がるオアシス、ガディサール湖。ジャイサルメールは1156年、王がこの湖（となる窪地）を発見してそのそばに街を築いたことにはじまる。年間降水量150mmという環境にあって、街の貴重な水源となっているほか、湖面にそって階段状のガートが続き、チャトリが立つなど人々の憩いの場となっている。ガディサールという名前は、1367年、

この湖を再整備したガルシ・シング王にちなみ、「ガルシの サーガル」を意味する。

लोक कला संग्रहालय ; 民俗博物館 Folk Museum [★☆☆]

ガディサール湖近くに位置する民俗博物館。タール砂漠に生きる人々の生活模様やこの街の文化、民俗にまつわる展示が見られる。

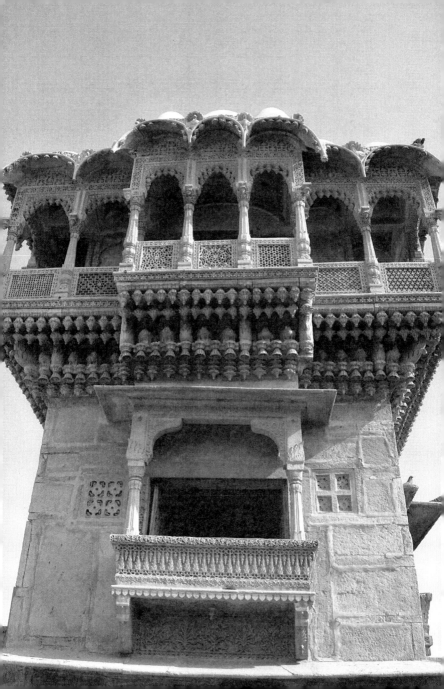

Guide, New Jaisalmer
新市街 城市案内

INDIA 西インド

アマルサーガル門外に広がる新市街
砂漠に沈む美しい夕陽を見られる
サンセット・ポイントも位置する

जवाहर निवास पैलेस ;
ジャワハル・ニワス Jawahar Niwas Palace [★☆☆]

ヨーロッパとこの地方の建築を融合させたインド・サラセン様式のジャワハル・ニワス。バイリサル・シング王がイギリスのインド総督代理のために建てた宮殿で、現在はホテルとして開館している（イギリスの宗主権を認めた藩王国時代の1900年ごろに建設された）。

राजकीय संग्रहालय ; 博物館 Government Museum [★☆☆]

市街西部に残るこじんまりとした博物館。石像、コインや絵

▲左　サンセット・ポイントに残るヴィアス・チャトリ群。　▲右　乾燥した気候で水分補給は必須

画、衣服、ハンドクラフトなどを展示する。

सूर्यास्त प्वाइंट ;
サンセット・ポイント Sunset Point ［★★☆］

砂漠に沈む夕陽を見られるサンセット・ポイントの小高い丘陵。ジャイサルメール北西に位置し、この丘にはヒンドゥー教徒の墓ヴィアス・チャトリ群も残る（川のないジャイサルメールでは、イスラム教の影響を受けてしばしば火葬後、墓がつくられた）。

砂漠と ともに 生きる

INDIA 西インド

ラクダや音楽師
さまざまな人や動物が
営みを見せるタール砂漠

「砂漠の船」ラクダ

100kmの荷物を抱えて1日20〜40kmの距離を歩き、数日間水を飲まずとも動けるラクダ。高さ1.8〜2.1m、全長2.5〜3mで、ひとこぶとふたこぶの2種類あり、ジャイサルメールではひとこぶラクダが見られる。背中のこぶに脂肪をふくむ体質、一度、食べたものを口に戻してからまた飲みこむ反芻という食事方法、砂上を歩くのに適したひずめをもつ（砂漠の常緑樹ケージュリーなどを食する）。家畜化されたラクダは、乗りもの、物資の運搬、農耕用にもちいられ、耐久性、砂上のスピード、最高速度の維持（馬より長い30分）といっ

Jaisalmer 砂漠とともに生きる

た観点から、「砂漠の船」にたとえられる。

砂漠の楽師マンガニヤール

ジャイサルメールとその近郊の村々をまわって演奏する音楽師マンガニヤール。このマンガニヤールはイスラム教徒でありながら、ヒンドゥー教徒の出産や結婚などの行事や儀礼に呼ばれる。鍵盤楽器ハルモニウム、両面太鼓ドーラック、弓奏楽器カマイチャー、木製カスタネットなどを使ってラージプートの英雄譚や神話、女神の賛歌を語りついできた。またタール砂漠では音楽師のほかに、人形芝居、蛇つかい、猿ま

INDIA
西インド

わし、鍛冶屋などが定住せず、村から村へと放浪しながら生活を続けている。

ジプシーとタール砂漠

バルカン半島からヨーロッパにかけて広く分布する「ロマ(ジプシー)」の原郷はタール砂漠にあると言われる。このロマは3〜10世紀にインドからヨーロッパに向けて出発したと言われ、人々は歌や踊り、楽器演奏をしながら移動生活を送ってきた（イスラム教徒の侵入から逃れることなどが理由にあげられ、13世紀にヨーロッパに到達した）。インド北部にロ

▲左 「砂漠の船」と呼ばれるラクダ。 ▲右 集落から集落へと放浪する音楽師

マとの関係が指摘されるバンジャーラ族が暮らすほか、ジャイサルメールはロマ発祥の地と見られるようになった。

Guide,
Around Jaisalmer
郊外
城市案内

街を離れると褐色の大地に
ぽつり、ぽつりと草木が見える
美しい縞模様を描く砂丘も位置する

थार रेगिस्तान；タール砂漠 Thar Desert ［★★☆］

インド西部からパキスタンへ続く長さ 800km、幅 320kmのタール砂漠（大インド砂漠）。ときに砂まじりの強風が吹きつける過酷な環境のなか集落が点在し、ジャイサルメールはこの砂漠のちょうど中心に位置する（砂漠の植物は深く根をはり、地下水から水分をとる）。かつては盗賊も多く現れ、猛毒をもつサソリや蛇の被害も出た。現在、印パ国境線に沿うようにビカネールからジャイサルメールにかけてインディラ・ガンディー運河が開削され、砂漠の緑化計画も進められている。

बड़ा बाग；バダ・バーグ Bada Bag ［★☆☆］

バダ・バーグはジャイサルメールの西10kmに位置する王室墓群で、ドーム型やピラミッド型の屋根を載せたチャトリ群がならぶ。本来、ヒンドゥー教徒は火葬した遺灰を川に流すため、墓をつくらないが、イスラム教徒の影響を受けてこうした墓がつくられるようになった（とくにラジャスタン王侯たちの墓苑は各地で見られる）。バダ・バーグとは「大きな庭園」を意味し、16世紀初頭にジャイ・シング2世によって建設されたのをはじまりとする。

【MEMO】

【地図】ジャイサルメール郊外の [★★☆]

- [ ] タール砂漠 Thar Desert
- [ ] サム村 Sam Sand Dunes
- [ ] クーリー村 Khuri Sand Dunes

【地図】ジャイサルメール郊外の [★☆☆]

- [ ] バダ・バーグ Bada Bag
- [ ] アマル・サーガル Amar Sagar
- [ ] ロドルヴァ Ludarwa
- [ ] クルダラ Kuldhara

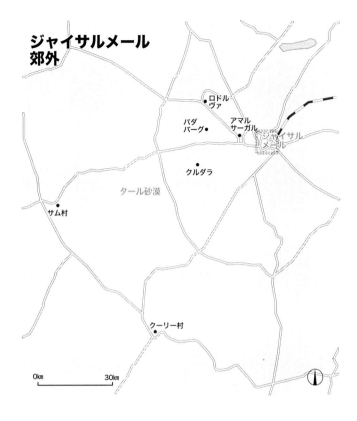

INDIA
西インド

अमर सागर ; アマル・サーガル Amar Sagar ［★☆☆］

1688年、アマル・シング王によって造営された人造湖や庭園の残るアマル・サーガル。ジャイサルメール西7kmに位置し、ガディサール湖とともに貴重な水源となってきた。かつてここに王家の離宮がおかれ、湖のほとりにはジャイナ寺院が立つ。

लोदुरवा ; ロドルヴァ Ludarwa ［★☆☆］

ジャイサルメールに遷都される以前の都がおかれていたロドルヴァ。バティ・ラージプート族は10世紀ごろからこの

▲左　荒れ地のところどころに常緑樹が茂る。　▲右　ロドルヴァのジャイナ寺院

地を根拠地としたが、たびたびイスラム勢力の攻撃を受け、1156年、防衛上より優れているジャイサルメールへ遷った。当時の面影はほとんどなく、ジャイサルメールの建築で使われる黄色砂岩の石切り場があるほか、中世以来、続く由緒正しいジャイナ寺院も残る。現在のジャイナ寺院は17世紀に再建されたもので、寺院前にトラナ記念門が立ち、第23代祖師パールシュヴァナータ、聖なる樹木（チャイティヤ）がまつられている。

INDIA
西インド

砂漠に伝わる物語

現在のパキスタンにあたるシンド地方アマルコットの王マヘンドラと、ロドルヴァの王女ムーマル。マヘンドラは「魔法のラクダ」に乗ってタール砂漠を越え、毎晩、恋するムーマルのもとに通っていた。そんなある日、マヘンドラの妻は夫の浮気に怒って「魔法のラクダ」を隠し、ムーマルのもとへ行かせないようにした。一方、ムーマルは自身の妹を音楽師に変装させてマヘンドラを待ったが、マヘンドラは訪れないのでそのまま眠ってしまった。遅れてムーマルのもとへ到着したマヘンドラは、音楽師とともに眠っている王女を見て消

沈し、シンドへ帰っていった。それに気づいたムーマルと妹のふたりはシンドのマヘンドラのもとへ行き、妹はその誤解をとくが、ムーマルは川で溺れ死んでしまった。

कुलधरा ; **クルダラ Kuldhara** ［★☆☆］

ジャイサルメール郊外に残る廃墟の村クルダラ。19世紀初頭までこのあたりでもっとも豊かな村だったが、ジャイサルメールの大臣の悪政から逃れるため、村は放棄された。灌木がぽつぽつと生えるなか、黄色砂岩でつくられた寺院やチャトリが残っている。

INDIA
西インド

सैम रेत टिब्बा；サム村 Sam Sand Dunes [★★☆]

パキスタンの国境までわずかの距離、ジャイサルメールの西45kmに位置するサム村。近くのサム砂丘では風のつくった美しい縞模様の砂丘が広がり、砂漠の稜線に沈んでいく夕陽が見られるなど、キャメル・サファリの足がかりになっている（砂漠には荒れ地の「沙漠」と砂の「砂漠」がある）。またサム村では直径4mほどの円形家屋に藁葺き屋根を載せるこの地方の民家も残っている。

▲左　ラクダが砂漠に足あとを残していく。　▲右　同じ方角、太陽のほうを向くラクダたち

खुरी रेत टिब्बा；クーリー村 Khuri Sand Dunes ［★★☆］

クーリー村はタール砂漠の伝統的な集落のひとつで、現在はキャメル・サファリを目的に多くの人が訪れている。クーリー村の民家では、藁葺き屋根をもつ円形家屋の壁に描かれた卍などの文様や花模様を見ることができる。ジャイサルメールの南西郊外50kmの地点に位置する。

砂漠を越えて

タール砂漠を越えてパキスタン側バハーワルプールの南に位置するデラワール・フォートは18世紀、ジャイサルメール王

INDIA
西インド

によって建てられた(現在のような国境線はなかった)。ジャイサルメール国、その北のビカネール国、その西のバハーワルプール国、これらの地域を横断する隊商が行き交っていた。1947年の印パ分離独立にあたって、ジャイサルメールとビカネールはヒンドゥー教国だったことからインドへ、バハーワルプールはイスラム教国だったことからパキスタンへ編入された。インドとパキスタンの国境はおもに最北のカシミール山岳地帯、北のパンジャーブ平原、南のタール砂漠、最南のカッチ湿原といった地域にまたがり、地形上の制約などからパンジャーブ平原とタール砂漠が最大の要衝となっている。

Jaisalmer 郊外城市案内

पोखरण；ポカラン Pokhran ［★☆☆］

ジャイサルメールの東 60kmに残る城塞都市ポカラン。1974年と 1998 年、地下 100m 以下の深さで、核実験が行なわれた場所としても知られる（印パ国境に近く、人口密度の低いことなどからポカランの地が選ばれた）。1974 年の核実験時、「Buddha is Smiling（ブッダは微笑む）」という成功を知らせる電報が打たれた。インドとパキスタンは 1947 年、65 年、71 年の三度に渡って戦争を行なっている。

城市の
うつり
かわり

地平線まで続く広大なタール砂漠
蜃気楼のように突如現れる
ジャイサルメールの歩み

ジャイサルメール以前（〜 12 世紀）

8 〜 12 世紀、北インドでは血縁関係のある氏族ごとのラージプート王朝がいくつも樹立されていた(ラージプート族は、5 世紀ごろインドに侵入してきた異民族や、土着の民族を出自とする)。6 世紀ごろ、バティ・ラージプート族は、パンジャーブ地方にいたが、8 世紀以降のイスラム勢力の侵入を受けて南のタール砂漠に逃れた。第 11 代デーヴァ・ラージ王のとき（10 世紀）、ロドルヴァに都をおいて、この地方での礎を築いた。こうしたなか、中央アジアのイスラム勢力によるインド侵入がはじまり、1026 年のガズナ朝、1103 年の

INDIA
西インド

ゴール朝といずれもグジャラートへ侵攻する途上に攻撃を受け、ロドルヴァの防衛上の弱点が浮き彫りになっていた。

ジャイサルメールの建設（12～16世紀）

第17代ラワル・ジャイサル王はロドルヴァの東15kmにある窪地と台地に注目し、1156年、都を築いて自らの名からジャイサルメールと名づけた。ここはジャイナ教の聖地（フォート南西部）があったところで、台地上に宮殿、寺院、民家、商店を集め、その周囲に城壁をめぐらせた。1206年にデリーでイスラム王朝（デリー・サルタナット朝）が樹立されると、

▲左 太陽の光を受けて輝くゴールデン・シティ。 ▲右 広場にはさまざまな人が集まってくる

ヒンドゥー教徒やジャイナ教徒が砂漠に位置するジャイサルメールに逃れてきた。王朝の興亡が続いた中世インドでは、砂漠を通る隊商ルートのほうがより安全になり、交易商人、金融業者が集まって街は発展を見せた。

ジャイサルメールの発展（16 〜 19 世紀）

16世紀、強大なイスラム王朝のムガル帝国が樹立されると、ジャイプルやジョードプルなど有力なラージプート王朝はムガルの宗主権を認め、ジャイサルメールも 1570 年にムガル帝国に従った（ムガル後宮に王妃を送った）。この時代、ヒ

INDIA
西インド

ンドゥー教徒、ジャイナ教徒のほかに、イスラム教徒の人口も増え、イスラム教徒はムガル建築や彫刻、絵画などを伝えた。またフォートの外側に人が暮らすようになり、商人や官吏たちは交易で得た莫大な富で邸宅ハーヴェリーを建てた。こうした市街（旧市街）を囲むように、18〜19世紀にかけて市壁がめぐらされた。

ジャイサルメールの衰退（19〜20世紀）

1869年、ヨーロッパとインドを結ぶスエズ運河が開通すると、大量に、安く運べる海運が発達した。イギリスの植民

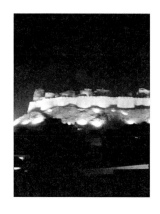

▲左　幼児、未婚、既婚と変化していく女性の装飾　▲右　夜、ライトアップされて浮かびあがるジャイサルメール・フォート

都市ムンバイが急速な発展を見せ、一方、陸路交通の要衝だったジャイサルメールはその繁栄を陰らせていった（ジャイサルメールを拠点としていた商人や金融業者はムンバイやコルカタに移住した）。こうした流れは、1947年の印パ分離独立で、ジャイサルメールの西側に国境線がひかれて決定的となり、街はとり残された「孤島」のようになった。

現代のジャイサルメール（20世紀〜）

再び、ジャイサルメールが注目されるのは1965年ごろ、石油が発見されたこと、印パ対立のなかでパキスタンに近い立

INDIA
西インド

地から空軍基地がおかれたことによる（1974年、東60kmの ポカランで、インドではじめて核実験が行なわれた）。20世紀末にさしかかると、発展からとり残されたゆえに、中世の面影をそのまま残すこの街の観光地という一面が注目され、宮殿列車も走るようになった。砂漠のなかに忽然と姿を現すフォート、街を彩る黄色砂岩の豪華なハーヴェリー、ラクダで砂漠へ向かうキャメル・サファリ、ジプシーの故郷と言われる民俗芸能など、多くの魅力をもつ観光都市となっている。

Jaisalmer

城市のうつりかわり

【MEMO】

INDIA
西インド

【MEMO】

【MEMO】

【MEMO】

Jaisalmer 城市のうつりかわり

参考文献

───────────────────────────────

『「at」誌 1995 年 7 月号「ジャイサルメル特集」』(神谷武夫 / デルファイ研究所)

『ジャイサルメルの伝統的都市住居における空間構成と生活様式』(荻野隆博・長田久美・渡辺猛・八木幸二・那須聖・茶谷正洋 / 学術講演梗概集)

『世界歴史の旅北インド』(辛島昇・坂田貞二 / 山川出版社)

『ジプシーの来た道』(市川捷護 / 白水社)

『ディティール 140 号』(彰国社)

『中世インド建築史紀行』(小寺武久 / 彰国社)

『ジャイサルメルの伝統的都市住居における段階的な構成からみた空間構成と生活様式』(長田久美 / 法政大学大学院修士学位論文)

『伝承と社会関係 -- インド・タール沙漠における女神の「物語」とその偏差をめぐって』(小西公大 / 現代民俗学研究)

『ジャイサルメール・オフィシャル・ウェブサイト』(http://jaisalmer.nic.in/)

『世界大百科事典』(平凡社)

まちごとパブリッシングの旅行ガイド

Machigoto INDIA , Machigoto ASIA , Machigoto CHINA

【北インド - まちごとインド】

001 はじめての北インド
002 はじめてのデリー
003 オールド・デリー
004 ニュー・デリー
005 南デリー
012 アーグラ
013 ファテープル・シークリー
014 バラナシ
015 サールナート
022 カージュラホ
032 アムリトサル

【西インド - まちごとインド】

001 はじめてのラジャスタン
002 ジャイプル
003 ジョードプル
004 ジャイサルメール
005 ウダイプル
006 アジメール(プシュカル)
007 ビカネール
008 シェカワティ
011 はじめてのマハラシュトラ
012 ムンバイ
013 プネー
014 アウランガバード
015 エローラ
016 アジャンタ
021 はじめてのグジャラート
022 アーメダバード
023 ヴァドダラー(チャンパネール)
024 ブジ(カッチ地方)

【東インド - まちごとインド】

002 コルカタ
012 ブッダガヤ

【南インド - まちごとインド】

001 はじめてのタミルナードゥ
002 チェンナイ
003 カーンチプラム
004 マハーバリプラム
005 タンジャヴール
006 クンバコナムとカーヴェリー・デルタ
007 ティルチラパッリ
008 マドゥライ
009 ラーメシュワラム
010 カニャークマリ
021 はじめてのケーララ
022 ティルヴァナンタプラム
023 バックウォーター(コッラム〜アラップーザ)
024 コーチ(コーチン)
025 トリシュール

【ネパール - まちごとアジア】

001 はじめてのカトマンズ
002 カトマンズ
003 スワヤンブナート

004 パタン
005 バクタプル
006 ポカラ
007 ルンビニ
008 チトワン国立公園

【バングラデシュ - まちごとアジア】

001 はじめてのバングラデシュ
002 ダッカ
003 バゲルハット（クルナ）
004 シュンドルボン
005 プティア
006 モハスタン（ボグラ）
007 パハルプール

【パキスタン - まちごとアジア】

002 フンザ
003 ギルギット（KKH）
004 ラホール
005 ハラッパ
006 ムルタン

【イラン - まちごとアジア】

001 はじめてのイラン
002 テヘラン
003 イスファハン
004 シーラーズ
005 ペルセポリス
006 パサルガダエ（ナグシェ・ロスタム）
007 ヤズド
008 チョガ・ザンビル（アフヴァーズ）
009 タブリーズ
010 アルダビール

【北京 - まちごとチャイナ】

001 はじめての北京
002 故宮（天安門広場）
003 胡同と旧皇城
004 天壇と旧崇文区
005 瑠璃廠と旧宣武区
006 王府井と市街東部
007 北京動物園と市街西部
008 頤和園と西山
009 盧溝橋と周口店
010 万里の長城と明十三陵

【天津 - まちごとチャイナ】

001 はじめての天津
002 天津市街
003 浜海新区と市街南部
004 薊県と清東陵

【上海 - まちごとチャイナ】

001 はじめての上海
002 浦東新区
003 外灘と南京東路
004 淮海路と市街西部
005 虹口と市街北部
006 上海郊外（龍華・七宝・松江・嘉定）
007 水郷地帯（朱家角・周荘・同里・甪直）

【河北省 - まちごとチャイナ】

001 はじめての河北省
002 石家荘
003 秦皇島
004 承徳
005 張家口
006 保定
007 邯鄲

【江蘇省 - まちごとチャイナ】

001 はじめての江蘇省
002 はじめての蘇州
003 蘇州旧城
004 蘇州郊外と開発区
005 無錫
006 揚州
007 鎮江
008 はじめての南京
009 南京旧城
010 南京紫金山と下関
011 雨花台と南京郊外・開発区
012 徐州

【浙江省 - まちごとチャイナ】

001 はじめての浙江省
002 はじめての杭州
003 西湖と山林杭州
004 杭州旧城と開発区
005 紹興
006 はじめての寧波
007 寧波旧城
008 寧波郊外と開発区
009 普陀山
010 天台山
011 温州

【福建省 - まちごとチャイナ】

001 はじめての福建省
002 はじめての福州
003 福州旧城
004 福州郊外と開発区
005 武夷山
006 泉州
007 厦門
008 客家土楼

【広東省 - まちごとチャイナ】

001 はじめての広東省
002 はじめての広州
003 広州古城
004 天河と広州郊外
005 深圳(深セン)
006 東莞
007 開平(江門)
008 韶関
009 はじめての潮汕
010 潮州
011 汕頭

【遼寧省 - まちごとチャイナ】

001 はじめての遼寧省
002 はじめての大連
003 大連市街
004 旅順
005 金州新区

006 はじめての瀋陽
007 瀋陽故宮と旧市街
008 瀋陽駅と市街地
009 北陵と瀋陽郊外
010 撫順

【重慶 - まちごとチャイナ】

001 はじめての重慶
002 重慶市街
003 三峡下り（重慶〜宜昌）
004 大足

【香港 - まちごとチャイナ】

001 はじめての香港
002 中環と香港島北岸
003 上環と香港島南岸
004 尖沙咀と九龍市街
005 九龍城と九龍郊外
006 新界
007 ランタオ島と島嶼部

【マカオ - まちごとチャイナ】

001 はじめてのマカオ
002 セナド広場とマカオ中心部
003 媽閣廟とマカオ半島南部
004 東望洋山とマカオ半島北部
005 新口岸とタイパ・コロアン

【Juo-Mujin（電子書籍のみ）】

Juo-Mujin 香港縦横無尽
Juo-Mujin 北京縦横無尽
Juo-Mujin 上海縦横無尽

【自力旅游中国 Tabisuru CHINA】

001 バスに揺られて「自力で長城」
002 バスに揺られて「自力で石家荘」
003 バスに揺られて「自力で承徳」
004 船に揺られて「自力で普陀山」
005 バスに揺られて「自力で天台山」
006 バスに揺られて「自力で秦皇島」
007 バスに揺られて「自力で張家口」
008 バスに揺られて「自力で邯鄲」
009 バスに揺られて「自力で保定」
010 バスに揺られて「自力で清東陵」
011 バスに揺られて「自力で潮州」
012 バスに揺られて「自力で汕頭」
013 バスに揺られて「自力で温州」

【車輪はつばさ】
南インドのアイラヴァテシュワラ寺院には建築本体に車輪がついていて寺院に乗った神さまが人びとの想いを運ぶと言います。

・本書はオンデマンド印刷で作成されています。
・本書の内容に関するご意見、お問い合わせは、発行元の
  まちごとパブリッシング info@machigotopub.com までお願いします。

まちごとインド
西インド004ジャイサルメール
~砂漠に浮かぶ「黄金都市」［モノクロノートブック版］

2017年11月14日　発行

著　者	「アジア城市（まち）案内」制作委員会
発行者	赤松　耕次
発行所	まちごとパブリッシング株式会社 〒181-0013　東京都三鷹市下連雀4-4-36 URL http://www.machigotopub.com/
発売元	株式会社デジタルパブリッシングサービス 〒162-0812　東京都新宿区西五軒町11-13 清水ビル3F
印刷・製本	株式会社デジタルパブリッシングサービス URL http://www.d-pub.co.jp/

MP017

ISBN978-4-86143-151-7 C0326　　　　Printed in Japan
本書の無断複製複写（コピー）は、著作権法上での例外を除き、禁じられています。